Préface

J'anime des conférences sur le thème du crédit immobilier depuis quelques années et je suis toujours surpris par la connaissance qu'ont en général les personnes qui assistent à mes interventions : elle est importante et très précise.

En effet, j'ai toujours dans la salle un expert du prêt à taux zéro, un autre qui connait l'historique des taux pratiqués depuis cinq ans et deux-trois autres qui connaissent tous les sigles ou acronymes liés au crédit (PPD, TAEG, DIIT,....).

Mais cette connaissance, ou plutôt ces informations, sont bien souvent assez inutiles aux personnes qui les détiennent. Quand arrive la fin de la conférence, les spectateurs viennent souvent me remercier de leur avoir appris une chose : le fonctionnement global du crédit.

Le crédit est un système complexe. Il ne peut pas être optimisé en optimisant ses sous-parties. Il faut l'optimiser globalement.

Et pour pouvoir l'optimiser globalement, il faut le comprendre globalement. Il est fondamental de ne pas rester « en surface », de ne pas essayer d'appliquer les recettes toutes faîtes des blogs, des magazines ou des agents immobiliers.

Il faut être capable de comprendre le fonctionnement et les mécanismes du crédit et il faut surtout avoir un objectif et une stratégie.

La plupart des gens laisse la stratégie à leur conseiller bancaire ou à leur courtier et se focalise sur un détail car ils ont lu un article qui parle d'une nouvelle loi, du bon taux d'endettement ou du bon pourcentage d'apport.

J'ai déjà abordé théoriquement ce sujet dans un autre ouvrage : « Comprendre et maitriser le crédit immobilier – Optimisez votre emprunt ». Mais avec ce nouvel ouvrage, je souhaite utiliser une autre méthode pédagogique.

L'apprentissage par Echec/Succès, ou Essais/Erreurs, est le mode d'apprentissage privilégié de la nature. L'école a toujours privilégié une stratégie inverse. L'échec y est vu comme quelque chose de négatif. Or, c'est un formidable outil pour apprendre et retenir. Nous apprenons de nos échecs de manière bien plus performante que par toute autre méthode. Les scientifiques l'ont bien compris et les méthodes pédagogiques sont en train d'évoluer (lentement).

Malheureusement, souscrire un crédit immobilier ne se réalise qu'une ou deux fois dans une vie pour la plupart d'entre nous. Il serait donc bien dommage de devoir se tromper pour pouvoir apprendre. Les répercussions financières seraient loin d'être négligeables.

A travers ce livre, je vais vous présenter les erreurs des autres. Je vais tenter de vous faire tomber dans les mêmes pièges. Je vais vous montrer à quel point il est facile de se faire berner. Mais cela ne vous coûtera rien et je pense que cette technique aura la qualité d'être marquante.

A travers cinq cas réels et très fréquents (ce sont des cas que j'ai rencontré dans le cadre de mes accompagnements), je vais vous montrer les erreurs habituelles et les solutions pour les éviter.

Vous aurez ensuite des exercices et si vous jouez le jeu de faire réellement ces exercices (de ne pas passer directement à la correction !), vous allez vraiment retenir les principes fondamentaux de l'optimisation du crédit. Vous échouerez peut-être sur un ou deux exercices mais vous ne vous laisserez pas avoir une deuxième fois !

Vous verrez à travers cet ouvrage l'importance de toujours simuler votre crédit à tête reposée. C'est pourquoi je mets à votre disposition un simulateur de crédit. Vous pouvez le télécharger sur le site de mon cabinet de conseil : mana-solutions.fr (dans la section « solutions pour particuliers »).

Sommaire

Préface 1

Cas n°1 : C'est moi qui ai le meilleur taux ! 6
    Le cas : 6
    Mon analyse : 7
    Pour aller plus loin : 11

Cas n°2 J'ai opté pour la sécurité 16
    Mon analyse : 17
    Pour aller plus loin : 20

Cas n°3 : J'ai pensé à tout : PTZ, 1% patronal... 23
    Le cas : 23
    Mon analyse : 24
    Pour aller plus loin : 26

Cas n°4 : Mon courtier est un génie 30
    Le cas : 30
    Mon analyse : 30
    Pour aller plus loin : 32

Cas n°5 : Un bon crédit du premier coup ! 35
    Mon analyse 35
    Pour aller plus loin : 37

Exercices d'apprentissage 39
    Un simulateur gratuit 39

Mode d'emploi du simulateur 40

Exercice d'application 1 : Calcul du coût de l'assurance 42

Réponses : 43

Corrigé : 44

Exercice d'application 2 : L'impact de l'apport 50

Réponses : 51

Corrigé : 52

Exercice d'application 3 : L'effet de la mensualité 54

Réponses : 54

Corrigé : 55

Exercice d'application 4 : Les options du crédit 57

Réponses : 58

Corrigé : 59

La pyramide du savoir 61

Synthèse 65

Cas n°1 : C'est moi qui ai le meilleur taux !

Le cas :

Eric et Cynthia sont mariés, ont un peu plus de 30 ans et achètent leur premier bien immobilier : une charmante petite maison d'une valeur de 250 000€.

Ils ont un apport intéressant (60 000€) et des revenus de 4 500€ net par mois à eux deux.

Ils ont fait appel à un courtier pour « obtenir le meilleur taux ». Et ils n'ont pas été déçus : il leur a fait gagner 0,15 points par rapport à tous leurs amis. Eric annonce fièrement à tout le monde qu'il a un crédit à 2,25% (c'était un très bon taux à l'époque) alors qu'il n'avait pas eu de proposition de banquiers en dessous de 2,40%.

En plus sur une durée de 25 ans, ce taux est totalement miraculeux !

Mon analyse :

Nous avons ici l'erreur la plus commune, la plus classique. L'emprunteur se focalise sur le taux d'emprunt annuel.

Discutez deux minutes avec n'importe quelle personne qui vient de souscrire un emprunt, elle vous annoncera très rapidement ce fameux taux. Si vous la questionnez un peu plus, vous verrez qu'elle ne maitrise généralement pas les autres éléments de son crédit : elle connait vaguement sa mensualité, et encore plus vaguement le montant de son assurance. Quant aux éléments qui sont pourtant tous écrit très clairement sur le contrat qu'elle a souscrit et pour lequel elle avait 10 jours de rétractation[1], tels que le TAEG[2], le coût total en assurance ou encore le coût total du crédit : elle les a complètement oubliés.

Ce n'est pas par hasard, c'est le système de communication des banques et des courtiers qui nous amène à cela. Un prestidigitateur vous focalise sur sa main droite pendant que sa main gauche vide votre poche. C'est cette technique qu'utilise votre conseiller ou votre courtier : il vous propose un bon taux, après avoir orienté toute la négociation là-dessus et vous massacre sur le reste.

C'est pourquoi aujourd'hui 80% des emprunteurs, quelque soient leurs revenus ou leur apport s'endettent sur 25 ans.

---

[1] Un particulier bénéficie de 10 jours de rétraction après la signature d'un crédit immobilier. Attention, si le bien est acheté dans le cadre d'un SCI, cette protection n'existe pas.
[2] Le TAEG (Taux Annuel Effectif Global) est un taux recalculé en prenant en compte tous les paramètres du crédit (assurance, frais de dossier...). Bien qu'il ait ses limites, il est cependant bien plus important et plus intéressant à comparer que le taux nominal sur lequel tout le monde se focalise.

Parce qu'ils ne définissent pas d'objectif ni de stratégie d'emprunt, ils laissent cela au courtier ou au banquier. Leur principale action lors de leur recherche de financement est d'aller dans quelques banques pour trouver le meilleur taux.

J'ai commencé le livre par ce cas car il est le plus fréquent. Tout le monde ne pense qu'au taux nominal. Il existe d'ailleurs sur internet une multitude de sites qui se nomment : « meilleurtaux.machin, meilleur-taux.truc.... ». Les concepteurs de ces sites ont bien compris ce travers du public en général et contribuent eux aussi à alimenter cette erreur de l'inconscient collectif : le taux serait le paramètre le plus important du crédit !

Tous les cas de crédits sont différents et dans chaque cas, le taux est important. Mais il est très rare que les quelques dixièmes de pourcent que vous allez pouvoir négocier changent énormément le coût total du crédit. Deux critères sont plus fondamentaux : votre stratégie de remboursement et vos choix concernant votre assurance.

1) La stratégie de remboursement :

C'est à vous de définir clairement votre besoin en emprunt et vos mensualités. La plupart des clients laissent le banquier les calculer. Il aura alors tendance à les définir afin de faire trainer votre crédit augmentant ainsi les taux et les primes d'assurances[3].

Il faut bien comprendre que le crédit n'est pas un système linéaire ou proportionnel. En d'autres mots, si vous empruntez

---

[3] Les taux et les mensualités d'assurance augmentent avec la durée du crédit. Chez une même banque, quand le taux sur 15 ans est à 2%, le taux sur 20 ans peut être à 2,15%.

« un petit peu plus », la durée de votre crédit ne sera pas « un petit peu plus » longue. Si vous remboursez « un petit peu moins », la durée du crédit ne sera pas « un petit peu plus » longue...

Il y a ce que l'on peut appeler un effet levier dans le fonctionnement du crédit. Les intérêts sont prélevés tous les mois et sont déduits de votre mensualité (ainsi que les assurances) pour calculer le montant du capital remboursé. Si vous réduisez de 5% le montant de votre mensualité, c'est sur le capital remboursé que cette somme va être déduite car les intérêts et l'assurance ne changent pas.

Une baisse des mensualités de 5% va donc peut-être réduire de 8 ou 10% le capital remboursé et donc allonger significativement la durée du crédit.... Donc des taux plus élevés et des assurances plus chères.... C'est le cercle vicieux !

Votre banquier va donc vous inciter à emprunter un peu plus (pour garder de l'argent de côté au cas où, ou pour financer des travaux). Il va vous trouver 500 raisons de baisser vos mensualités et surtout, il va vous massacrer sur l'assurance.

2) Le choix de l'assurance

Les couples mariés prennent aujourd'hui la plupart du temps une assurance qui les couvre à 100% sur chaque tête. En fait, je dis « qu'ils prennent », mais c'est en général le banquier qui fait ce choix là pour eux. Il en parle très peu et si la question est abordée par le client, il sous-entendra que c'est le choix par défaut et expliquera que c'est bien plus sage. Un ami dont le beau-frère a eu « sa maison entièrement payée par l'assurance » finira de convaincre le couple de l'intérêt de ce choix.

J'ai vu des dizaines de fois, lors de mes accompagnements, des banquiers ou des courtiers donner des offres de prêts à leur client en leur paramétrant 100% sur chaque tête sans même leur poser une question sur ce point, ni même leur expliquer quoi que ce soit à ce sujet.

C'est pourtant un choix qui peut changer de façon significative le coût total du crédit et sa durée. Sur un crédit d'une durée initiale de 25 ans, passer de 100% sur chaque tête à 50% sur chaque tête peut dans certains cas vous faire gagner 4 ans ou plus...

Une assurance n'est pas une option à choisir comme le coloris d'une voiture. Un assureur est là pour prendre un risque à notre place, généralement un risque qu'on ne peut pas couvrir. Ce risque, il vous le facture très cher. Ne prenez pas d'assurance dont vous n'avez pas besoin.

Sur un temps suffisamment long, personne ne gagne d'argent avec les assurances. Et c'est dans l'ordre des choses, c'est une situation normale. Les assureurs font des bénéfices, ils ont des coûts de fonctionnement et payent des impôts. Tout ça, vous le payez dans votre prime d'assurance alors ne vous sur-assurez jamais.

C'est à vous de définir votre besoin en assurance et pour cela, il n'y a que deux bonnes questions :

- Si je décède, combien mon conjoint pourra-t-il payer de mensualité de crédit ?
- Si mon conjoint décède, combien pourrai-je payer de mensualité de crédit ?

Votre réponse aboutira peut être à un besoin en couverture de 50/50 ou de 70/30 ou même de 70/50 ou encore 70/60.

Mais en aucun cas il sera de 100/100. Ce choix est facilement justifiable auprès du banquier, qui n'a en aucun cas le droit de vous imposer un 100/100.

Il faut dans tous les cas simuler pour voir l'influence de chaque paramètre. Essayez des dizaines de combinaisons avant même d'aller voir le premier banquier.

Choisissez le montant que vous devez emprunter, le montant de vos mensualités, votre couverture en assurance et ensuite vous pourrez commencer à aller négocier avec les banques.

Pour aller plus loin :

Pour nous aider à la compréhension du mécanisme du crédit, nous pouvons observer la première mensualité. Prenons cette hypothèse : le client rembourse 800€ par mois au total pour son crédit. Représentons cela par une barre de 8 cm:

Dans cette mensualité, il rembourse du capital mais paye aussi les assurances et les intérêts. Cette fois-ci, nous allons représenter dans la barre : les assurances en hachuré, les intérêts en foncé et le remboursement du capital en clair :

Première mensualité

J'ai pris ici comme valeurs : 110€ pour les assurances et 270€ pour les intérêts.

On peut donc observer deux choses dans cette première mensualité : les intérêts sont importants et le remboursement du capital est faible.

Si on observe cette fois-ci une des dernières mensualités :

Dernière mensualité

On voit cette fois-ci que les intérêts sont faibles (car on a déjà remboursé la plus grande partie du capital dû) et que le remboursement est importants.

On rembourse donc plus vite le crédit à la fin qu'au début. C'est pour cela que certaines personnes disent que les banquiers prennent les intérêts au début du crédit. Cette phrase n'est pas vraiment exacte. C'est juste qu'au début du crédit, le capital dû est important donc les intérêts sont importants.

L'effet levier :

Maintenant que nous avons posé ces bases, nous allons pouvoir observer l'effet levier. Cet effet porte ce nom car des petits changements dans les paramètres du crédit peuvent avoir des conséquences très importantes. Conséquences négatives ou conséquences positives, tout va dépendre de qui utilise cet effet levier : vous ou votre banquier ?

Illustration de l'effet levier :

1) Le banquier vous incite à limiter vos mensualités

Vous avez une bonne capacité de remboursement mais le banquier arrive à vous convaincre de limiter vos mensualités. Prenons pour hypothèse que vous pouvez rembourser 900€/mois et qu'il vous limite à 800€. Il est généralement très fort pour cela : il invoque des règles internes à la banque, il vous parle de « reste à vivre », de « pas plus d'un tiers des revenus » comme s'il s'agissait de véritables lois. Il va jouer sur la fibre émotionnelle (risques de travaux, confort...). Bref, il va vous convaincre rapidement.

Regardons graphiquement ce qui se passe dans les deux cas sur la première mensualité :

800€

900€

On voit très bien que les 100€ de différence vont entièrement dans le capital remboursé puisque l'assurance et les intérêts sont inchangés. On va donc rembourser beaucoup plus vite l'emprunt. Le phénomène n'est pas du tout proportionnel. Alors qu'on a augmenté nos mensualités de 12,5%, on a remboursé 23% en plus de capital sur cette première mensualité.

Nous verrons plus tard les autres conséquences mais pour l'instant, il faut bien garder à l'esprit cette notion : le crédit n'est pas un mécanisme simple. Des petits changements peuvent avoir de lourdes conséquences.

2) 100% sur chaque tête

Comme j'ai pu le dire plus haut, les banquiers essayent toujours de vous vendre le maximum d'assurance. Et comme votre possibilité de remboursement mensuelle est fixe (vous ne pouvez pas rembourser plus qu'une certaine somme). Tout ce que vous dépensez en plus en assurance correspond à ce que vous remboursez en moins en capital.

100% chacun

50% chacun

☒ Assurances   ■ Intérêts   ☐ Capital remboursé

Nous voyons donc clairement que chaque euro dépensé en assurance est un euro de moins remboursé en capital.

Ceci va avoir des répercussions sur les prochaines mensualités, puisque les euros non-remboursés vont générer des intérêts.

Ce phénomène, je l'appelle l'effet boule de neige et nous le verrons dans les prochains cas.

Cas n°2
J'ai opté pour la sécurité

Vincent et Sophie viennent d'acheter un pavillon dans une agence. Comme le dit Sophie : « c'est quand même plus sûr » ; acheter directement à un particulier ne leur parait vraiment pas raisonnable.

Ils sortent de leur banque chez laquelle ils sont clients depuis toujours. Pas besoin d'aller voir ailleurs car leur cher conseiller leur a fait un bon taux.

Ils ont aussi une bonne assurance. Si il arrive un accident de la vie à l'un des deux, l'autre « aura la maison de payée ». Pas de tracas à se faire de ce côté-là. Ils en ont profité pour prendre l'assurance maison dans la même banque, c'est bien plus pratique à gérer.

Le banquier a été de bon conseil : il leur a préconisé de garder un peu d'argent de côté au cas où. C'est vrai qu'avec un nouvel achat on n'est jamais à l'abri d'une mauvaise surprise. Ils ont donc gardé 10 000€ de leur apport à la banque pour être tranquilles.

 Vincent et Sophie sont vraiment heureux. Quand leur maison sera payée dans 25 ans, ils seront tranquilles....

Mon analyse :

Voici un cas d'école. C'est malheureusement ce que je vois tous les jours dans mon travail de conseiller. La maladie de notre époque : l'obsession de la sécurité.

Malheureusement, la sécurité qu'on nous vend n'est bien souvent qu'une illusion. Et de plus, elle nous est facturée très cher.

Prenons cette première citation de Sophie : « c'est quand même plus sûr » (de passer par une agence pour acheter un bien). Je veux bien entendre que c'est plus pratique mais je ne vois pas en quoi c'est plus sûr. Une vente immobilière doit impérativement passer par un cabinet de notaire. Et c'est là que tout le travail de vérification (actes de propriétés, recherche de gages, vérifications des diagnostics, études des risques...) est réalisé. Cette partie est généralement facturée 300€ par le notaire. Vous allez payer ces 300€ quoi qu'il arrive, que vous passiez par une agence ou non. Car même dans le cas où vous faites appel à une agence, les clercs de notaires vérifieront toutes ces choses.

L'agence peut avoir un intérêt vis-à-vis du vendeur en l'aidant à anticiper toutes les démarches obligatoires. Comme lui rappeler les diagnostics à effectuer... Je ne sais pas si ce service mérite d'être facturé 10 000€ à l'acheteur.

Regardez bien l'impact, dans un simulateur, de 10 000€ en plus à emprunter.... Quel que soit le montant total emprunté, 10 000€ qui représentent le montant moyen pris par une agence ont toujours un impact significatif.

Je ne dis pas qu'il ne faut pas acheter sa maison en agence. Je dis qu'il ne faut pas se fixer des règles idiotes, des recettes.

Quand vous faites vos recherches, explorez toutes les pistes et comparez de vous-même. Si vous êtes curieux, si vous osez sonner aux portes quand vous voyez une pancarte... vous verrez de vous-même qu'il n'y a pas photo.

Que paye-t-on réellement dans les frais d'agence ? De la sécurité ? Non, on paye surtout ceci : de la TVA, le loyer d'une agence en plein centre-ville, des sites internet, des frais de publipostage, la prospection des agents qui hantent la ville deux par deux et qui sonnent aux portes à la recherche de biens à vendre et proposant des estimations gratuites, des calendriers, du papier à en-tête et des blocs notes « IMMO3000 »...

J'ai visité des dizaines de fois des appartements avec des agents immobiliers qui les découvraient pour la première fois... Comment un agent qui ne connait pas un bien peut-il vous apporter le moindre conseil ?

Discutez avec un agent immobilier et essayez de connaitre sa situation personnelle. Un jour un agent m'incitait à investir dans un programme d'appartements neufs. Je lui ai alors demandé si lui, l'avait fait. Il avait l'air étonné que je lui pose cette question, il était totalement décontenancé. Il m'a répondu par la négative.

En creusant un peu, il m'a appris qu'il était encore locataire. A 45 ans, cet agent n'avait pas encore réussit à acheter son propre bien et me donnait des conseils pour investir... J'ai trouvé la situation quasiment comique !

N'écoutez pas les conseils des gens qui échouent, ni les conseils de ceux qui sont obsédés par la sécurité. Ceux qui réussissent mesurent les risques. Ils ne sont pas inconscients mais n'ont pas besoin non plus de la ceinture et des bretelles.

La deuxième erreur faîte par le couple est de n'être allé voir qu'un seul banquier. Ne pas faire jouer la concurrence lors de la négociation est suicidaire. L'effet levier, vu dans le premier cas, vous a montré clairement l'impact de changements minimes.

La troisième erreur est, (cela a dû vous sauter aux yeux cette fois-ci) le 100% sur chaque tête. Ils auraient dû choisir eux-mêmes leur stratégie d'assurance. Là, ils sont sur-assurés et l'effet levier va les pénaliser au maximum.

Le banquier en a en plus profité pour leur vendre d'autres services (assurance maison...), certainement assez cher. On ne le saura pas, puisque Vincent et Sophie ne savent pas ce que la concurrence propose...

La quatrième erreur est de laisser le banquier décider pour vous du montant de votre apport. Il les a convaincus de garder 10 000€ en banque et de les emprunter. Cette décision a un coût très important. Il faut absolument simuler pour pouvoir calculer l'impact de ce genre de décision !

Sur ce genre de cas, l'effet levier est tellement fort (taux un peu trop élevé, assurances à 200%, apport non utilisé...) que cela génère un deuxième effet : **l'effet boule de neige**.

Ces décisions rallongent tellement la durée du crédit que Vincent et Sophie vont être pénalisés une seconde fois puisque les taux vont augmenter et aussi les assurances.

C'est pourquoi, une fois de plus, ce couple se retrouve avec un crédit de 25 ans alors que je suis prêt à parier qu'ils avaient un très bon apport et de très bons revenus.

Pour aller plus loin :

L'effet boule de neige

L'effet boule de neige, pour le crédit, est une conséquence de l'effet levier. Nous avons vu que changer un paramètre, même de façon minime peut avoir des répercussions importantes. Reprenons le premier exemple utilisé pour illustrer l'effet levier : le banquier me limite à une mensualité de 800€ alors que je pourrais verser 900€ tous les mois :

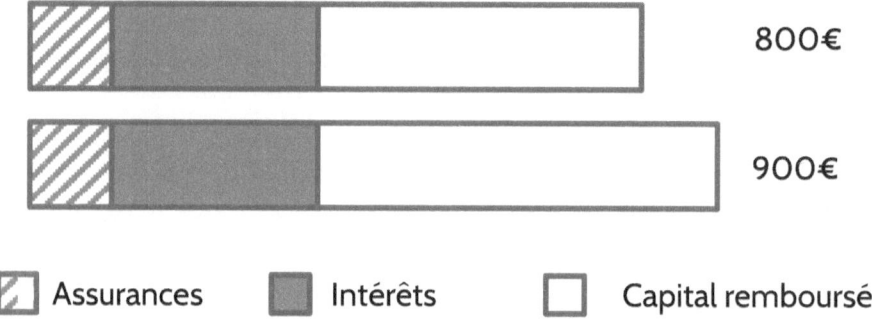

Nous avions vu que tout l'impact du changement de mensualité était concentré sur le capital remboursé car les autres éléments (intérêts, assurance) ne changent pas. Mais ce que nous n'avons pas encore analysé, c'est l'impact que ce changement va avoir sur les mensualités suivantes.

En effet, en remboursant 800€ par mois au lieu de 900€, nous n'allons rembourser que 400€ de capital au lieu de 500€. Et c'est là que l'effet boule de neige entre en scène :

- Les 100€ non remboursés vont générer des intérêts pour tous les mois suivants

- Le crédit va être plus long à rembourser donc le taux va être plus important (par exemple 2,45% au lieu de 2,35%)
- Les mensualités d'assurance vont être plus importantes car le crédit est plus long (par exemple 88€ au lieu de 82€)
- Comme les assurances et les intérêts sont plus importants, le capital remboursé l'est encore moins.

Nous sommes dans un cercle vicieux. C'est la double, voire la triple peine !

Examinons une dernière fois notre exemple en regardant ce qui se passe réellement lors de la première mensualité :

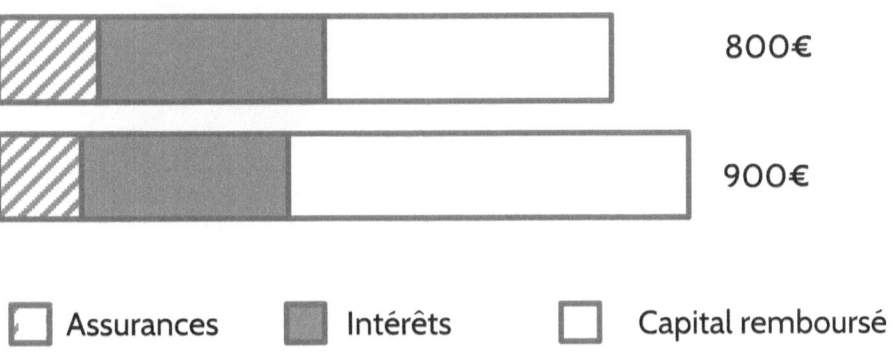

Nous commençons donc à avoir une réponse à cette question :

Pourquoi la plupart des français sont endettés sur 25 ans alors que leurs revenus, leurs achats et leurs apports sont différents ?

La réponse est simple : changez légèrement les paramètres et vous modifierez de façon fondamentale le résultat du crédit.

Si vous laissez votre banquier définir votre stratégie d'emprunt, dans 90% des cas, il vous endettera pour 25 ans. C'est le cas le plus favorable pour lui : un seul dossier pour 25 ans, les taux les plus hauts, les assurances les plus chères...

Cas n°3 : J'ai pensé à tout : PTZ, 1% patronal...

Le cas :

Thierry vit seul en région parisienne. Il vient de s'acheter un appartement d'une valeur de 180 000€. Et Thierry est un pro en ce qui concerne la paperasse. Il monte des dossiers toute la journée pour son travail, alors la partie administrative, ça le connait !

Il a monté tous les dossiers et a pu obtenir des prêts bonifiés comme le « prêt à taux zéro » et le prêt « 1% logement ».

Ensuite son banquier l'a beaucoup aidé car il a « lissé » les mensualités du prêt principal pour que Thierry paye toujours la même chose chaque mois. Ce banquier est vraiment un ange !

Mon analyse :

Soyons simple et clair : le lissage du crédit n'est pas une faveur que vous fait le banquier ou le courtier. Cela ne lui coûte rien (moins de cinq minutes de son temps), ça ne coûte rien non plus à la banque. C'est simplement une ou deux lignes supplémentaires d'écriture.

Le banquier, s'il vous propose un lissage, va toujours vous le présenter comme ayant une forte valeur ajoutée et comme un effort de sa part. C'est encore la technique du prestidigitateur qui focalise votre attention sur la main droite alors que la main gauche vous dévalise.

L'important avec les prêts bonifiés (Prêt à taux zéro, 1% logement...) n'est pas seulement de les obtenir mais c'est surtout qu'ils vous permettent de réduire le coût global de votre crédit.

Or, le banquier va la plupart du temps vous proposer une stratégie de remboursement qui vise à rembourser prioritairement ces prêts bonifiés. Le crédit principal (celui au plus fort taux et qui rapporte de l'argent à la banque) va trainer et vous ne gagnerez au final pas grand-chose.

Les prêts bonifiés peuvent parfois être différés[4], on peut aussi les étaler sur des périodes très longues (25 ans). Ceci va nous permettre de concentrer notre effort de remboursement sur la part du crédit qui coûte cher (celui de la banque).

---

[4] Par exemple, dans certains cas, on peut différer de 5, 10 ou 15 ans certains prêts. On ne paye alors que l'assurance pendant la première partie du crédit.

Certains de mes clients ont gagné plusieurs années juste en suivant ce conseil et sans changer le montant des mensualités. Le gain au final était supérieur à 10 000€.

Prenons l'exemple d'un crédit avec un PTZ :

On emprunte 100 000€ dont 30 000 avec le PTZ. Le banquier vous propose un taux nominal (pour les 70 000€) à 2,5%, une assurance de 50€ par mois pour le prêt principal et 20€ par mois pour le PTZ.

<u>Cas 1</u> : Le banquier vous fait un montage où le PTZ est remboursé au bout de 10 ans

<u>Cas 2</u> : Le banquier vous fait un montage où les deux crédits arrivent à terme en même temps

<u>Cas 3</u> : Vous demandez à votre banquier un report du PTZ de 15 ans. Vous payez le prêt le plus coûteux les quinze premières années et ensuite le PTZ.

Résultats :

<u>Cas 1</u> : avec une mensualité de 525,50€, votre prêt durera 22 ans. Vous aurez payé en tout et pour tout 38 732€ en intérêts et assurances.

<u>Cas 2</u> : avec une mensualité de 520,05€, votre prêt durera 22 ans. Vous aurez payé en tout et pour tout 37 292€ en intérêts et assurances.

<u>Cas 3</u> : le fait de prendre un crédit sur quinze vous permet de bénéficier de taux et d'assurance plus intéressante (2,25% et 45€/mois). Vous payez donc pendant les 15 premières années 523€/mois puis 520€/mois pendant 5 ans pour rembourser

le PTZ. Vous serez donc libre au bout de 20 ans et vous aurez payé en tout et pour tout 25 340 € en intérêts et assurances.

On voit bien ici que le diable se cache dans les détails. Alors que les trois cas ont l'air identique : une personne qui contracterait un de ces crédits vous dirait : je paye environ 520 € par mois, j'ai eu un PTZ et un taux à 2,5 % ; pourtant au final, le gain est de plus de 12 000 € par rapport aux stratégies du banquier.

Pour aller plus loin :

Illustration graphique des 3 cas :

Les illustrations ci-dessous montrent graphiquement ce que l'on paye au fil du temps dans les trois cas cités précédemment.

Cas 1 :

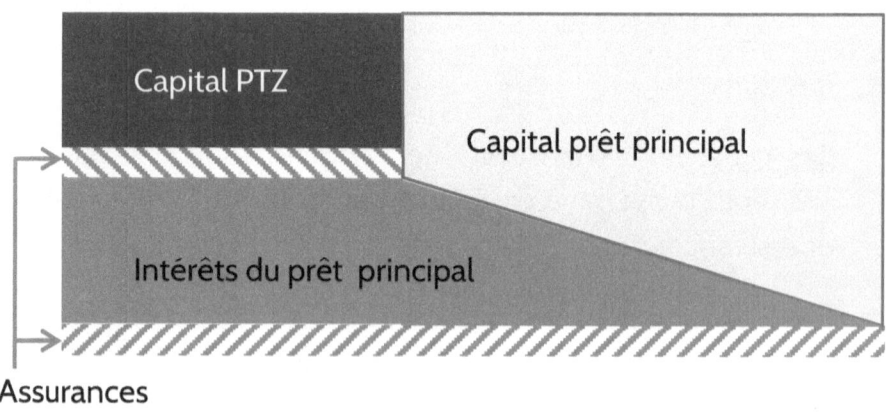

Assurances

Le seul intérêt de ce montage est d'avoir les assurances du PTZ qui s'arrêtent au bout de 10 ans. Mais le montant des intérêts est énorme car on ne rembourse pas le capital du prêt principal les dix premières années.

Cas 2 :

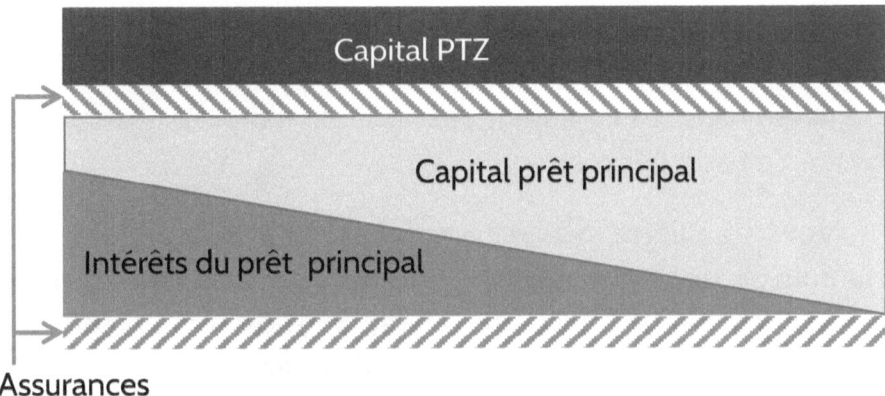

Assurances

Ce cas n'est pas vraiment intéressant non plus car les assurances trainent sur toute la durée du crédit. Le prêt principal n'est pas payé en priorité. Le montant des intérêts et donc le coût total restent élevés.

Cas 3 :

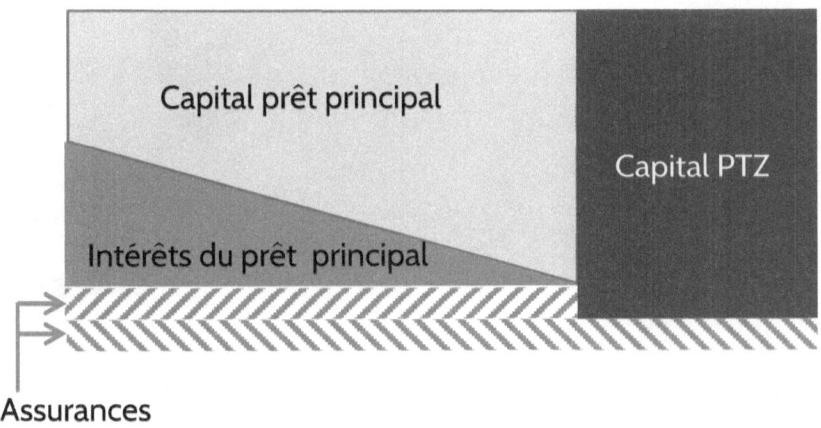

Assurances

On voit clairement dans ce troisième cas qu'en se débarrassant au plus vite du crédit le plus cher, on gagne énormément. On réduit les intérêts, l'assurance la plus chère s'arrête plus tôt ;

mais on gagne aussi sur le taux et le montant des bases des assurances.

Remarque : le PTZ a été créé dans cette optique-là. Il est différable dans la plupart des cas. Cependant les banquiers le font peu ou très mal.

Vous n'arriverez peut-être pas à obtenir le cas n°3 si votre pouvoir de remboursement mensuel ne vous permet pas de rembourser la totalité du crédit principal en 15 ans. C'est souvent l'argument avancé par les banquiers pour ne pas faire ce montage. Si c'est vraiment le cas, ce n'est pas pour autant qu'il faut accepter les montages 1 ou 2. Il vaut toujours mieux différer le PTZ ou les autres prêts bonifiés et concentrer votre remboursement fortement et dès le début sur les prêts aux taux les plus importants.

Vous pouvez très bien mettre en place ce genre de montage :

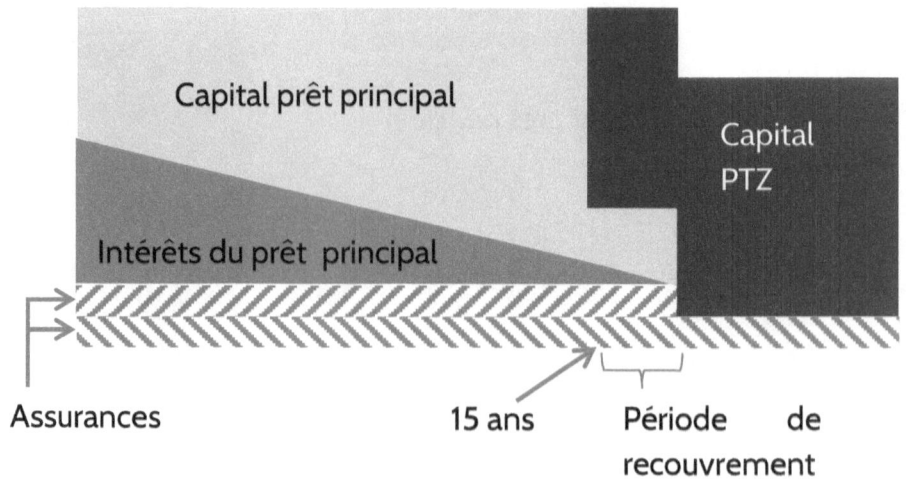

En faisant ce genre de montage, vous obtiendrez un crédit dont les mensualités vont baisser au bout de 17 ou 18 ans. Mais le coût total va baisser car vous faîtes baisser au plus vite les intérêts en focalisant votre effort de remboursement sur le prêt le plus onéreux.

La petite période de recouvrement pendant laquelle vous remboursez les deux crédits vous permet de commencer à rembourser le PTZ (qui est différé au maximum) et de finir de payer le prêt principal dont le capital restant dû est faible et donc aussi les intérêts.

Cas n°4 : Mon courtier est un génie

Le cas :

Stéphane et Emilie ont aussi fait appel à un courtier, mais le leur est encore plus malin que celui que nous avons vu dans l'étude de cas n°1.

C'est presque un génie : il utilise une technique miracle qui vous fait gagner plein de sous-sous. Cela s'appelle « les prêts gigognes ». Il s'agit de combiner un prêt court avec un prêt long afin de réduire le coût global (le prêt court permet d'obtenir un meilleur taux et quand il s'arrête, son assurance s'arrête aussi !).

Mon analyse :

Le coup du prêt gigogne est un classique du courtier. Il lui permet de justifier sa compétence et son salaire auprès de ses clients.

Il est clair que la plupart des personnes contractant un crédit ne vont pas penser spontanément à ce genre de montage ou se le verront refuser s'il le demande eux-mêmes à leur banquier. Le courtier parait alors avoir une réelle valeur ajoutée.

Il n'en est rien. Ce genre de montage est généralement un « trompe l'œil » qui fait au mieux gagner quelques dizaines ou centaines d'euros.

La première raison qui fait que le prêt gigogne ne fait pas gagner énormément d'argent est que vous focalisez votre effort de remboursement sur le prêt ayant le plus faible taux. Nous avons vu avec le cas du PTZ que c'était une stratégie qui ne paye pas. Pendant la première période (généralement 10 ou 12 ans) on ne paye que les intérêts du prêt au fort taux et le capital reste inchangé, générant tous les ans les mêmes intérêts...

La deuxième raison est que l'organisme qui va vous prêter de l'argent (celui que le courtier va démarcher) n'est pas dupe et ne pratique pas les même taux pour un prêt différé et pour un prêt classique (le prêt gigogne est assimilable à un prêt « normal » associé à un prêt au remboursement différé).

Dans un prêt classique, vous remboursez une partie du capital au fur et à mesure. Alors que pour un prêt différé (c'est le cas pour un des deux prêts d'un montage « gigogne »), vous ne remboursez le capital qu'au bout d'un certain temps et les intérêts dès le début.

Un prêt classique peut donc être comparé à une multitude de petits prêts de durées plus ou moins longues. Si j'emprunte 100 000€ sur 20 ans, pour une banque c'est comme si j'empruntais 4000€ sur 1 ans et 4100€ sur 2 ans et 4180€ sur 3 ans...) car je rembourse du capital au fur et à mesure. Donc une partie de l'argent que j'ai emprunté au début est libérée. La banque peut alors la réutiliser... Et la banque, bien sûr, prend en compte ceci dans le calcul du montant du taux.

Lors d'un prêt différé, je ne rembourse rien pendant quelques années. Une banque ne peut donc pas pratiquer le même taux dans les deux cas même si la durée totale est la même. Elle serait largement perdante. Les algorithmes de leur système informatique ne laissent pas passer ce genre de détail...

Il en va de même pour les assurances. Le montant de l'assurance d'un prêt prend en compte le fait que le capital assuré diminue au fil du temps. La mensualité d'une assurance pour un prêt gigogne est donc plus élevée que pour un prêt classique.

Ce que vous gagnez d'un côté, vous le perdez de l'autre. Une fois de plus, nous sommes devant un tour de prestidigitateur. Cette fois-ci, c'est un très beau tour mais ça reste de la magie, c'est-à-dire juste une illusion.

Les frais de courtage ne sont eux, pas une illusion...

Pour aller plus loin :

Il ne faut pas rejeter systématiquement les prêts gigognes ou les autres montages à plusieurs lignes de crédit. Dans certains cas ils peuvent même être d'une efficacité redoutable.

Encore une fois, je ne le répèterai jamais assez : il faut éviter les recettes. Chaque solution peut avoir un intérêt dans un cas précis mais jamais dans tous les cas. Un prêt gigogne doit être vu comme une cerise sur le gâteau, pas comme une stratégie d'ensemble. Cette technique ne nous fait gagner au mieux que quelques centaines d'euros

Dans des cas particuliers, il peut vraiment être intéressant de faire un montage à deux lignes (sans compter les PTZ et autres prêts bonifiés).

En voici un exemple :

Un client savait qu'il allait avoir une rentrée d'argent importante (30 000€), quatre ans après le démarrage du crédit. A cette époque, les taux étaient plus hauts que maintenant (aux alentours de 3,5% sur 18 ans). Je lui ai donc conseillé de souscrire 2 crédits différents : un principal à taux fixe et un plus petit à taux variable. Les prêts à taux variable bénéficiant de meilleurs taux en contrepartie d'un risque d'augmentation du taux.

Au lieu de :

PRÊT 1 : 200 000€ sur 18 ans à 3,5%

Il a pris :

PRÊT 1 : 150 000€ sur 17 ans et ½ à 3,5%
PRÊT 2 : 50 000€ sur 17 ans et ½ à 2,55% (taux variable)

Le client a pu rembourser le prêt à taux variable au bout de quatre ans avec la rentrée d'argent prévu. Le risque était maitrisé car le taux était « Capé », cela veut dire qu'il ne pouvait pas augmenter de plus d'un certain nombre de points chaque année et ne pas aller au-delà d'un certain plafond. Dans son cas, il était Capé 2 points avec 0,5 point d'augmentation maximum par an. Concrètement cela veut dire que le taux ne peut pas dépasser 4,55% (2,55% + 2%) et que la deuxième année, il ne peut pas dépasser 3,05% (2,55% + 0,5%) et ainsi de suite chaque année.

Nous savions donc que l'opération allait être forcément rentable sur les 4 premières années.

Dans ce type d'opération, il faut anticiper tous les cas et regarder de près toutes les options du crédit. En parallèle du montage à deux lignes, nous avons été vigilants sur les modalités de rachat et de modularité.

Le prêt à taux variable n'avait pas de pénalité de rachat et celui à taux fixe avait la possibilité de moduler les mensualités gratuitement à chaque date anniversaire (dans une limite de 10% chaque année). Cela a permis au client de racheter sans coût supplémentaire le crédit à taux variable et d'augmenter dans la foulée les remboursements du prêt à taux fixe.

Mon client a pu, en jouant avec le montant des mensualités, réduire à 12 ans et demi la durée totale de son crédit. Le gain en assurance et en intérêt de cette opération a été supérieur à 9 000€. Nous sommes donc loin de la rentabilité des prêts gigognes proposés par les courtiers.....

Cas n°5 : Un bon crédit du premier coup !

Un couple arrive chez un banquier avec l'offre de crédit d'un concurrent. L'entretien ne dure même pas cinq minutes : le banquier leur dit qu'ils ont négocié un « super » contrat. Il leur explique rapidement qu'il ne pourra jamais s'aligner et qu'ils ont tout intérêt à signer avec le premier banquier.

Notre couple repart confiant. Ils arrêtent là leurs démarches. Ils signeront donc chez le premier banquier leur emprunt pour 25 ans !

Mon analyse

La première erreur de nos amis a été de croire un banquier qui dit du bien d'un concurrent. Si vous entendez un courtier ou un conseiller vous dire que vous avez obtenu un très bon contrat dans la banque d'en face, il y a anguille sous roche !

Nous sommes ici devant un cas qu'il faut creuser. Il peut y avoir plusieurs raisons :

1) La première raison est que nous sommes peut-être devant un cas de fausse concurrence. Le dernier

conseiller ne veut pas faire du tort au premier car ces deux banques appartiennent tout simplement au même groupe et ne se font pas une réelle concurrence ou qu'il connait le conseiller de la première offre et qu'ils vont jouer au golf ensemble le lundi. C'est un cas classique et fréquent. Même si aucun banquier ne l'avouera jamais, c'est une pratique courante. Je la vois relativement souvent dans mon métier.

Il suffit d'aller voir sur internet l'appartenance des banques à différents groupes bancaire pour repérer les sociétés sœurs et cousines. On comprend très vite qu'elles n'ont aucun intérêt à se tirer dans les pattes.

La première question du banquier si vous lui exposez les paramètres d'une simulation effectuée chez un concurrent sera immanquablement : « Chez qui avez-vous obtenu ce tarif ? »….

2) La deuxième raison est peut-être qu'il n'a pas envie de vous faire contracter un crédit (il peut y avoir des tas de causes à cela : il est débordé, la banque freine le nombre de dossiers car ils ont trop prêté, il a atteint ses objectifs annuels ou mensuels, il est démotivé, il pense que votre dossier ne sera pas accepté au-dessus et ne veut pas perdre de temps…). Bref, votre conseiller est un humain comme les autres et il choisit quelques fois la facilité. Il est plus simple pour lui de vous dire que vous avez un très bon contrat que de vous dire « non ».

Il n'y a pas un nombre exceptionnel de parade à ce genre de problème : faîtes un maximum de banques, si possible pas dans la même ville et surtout ne vous arrêtez pas de négocier parce qu'un conseiller vous a dit que vous avez obtenu un super taux ailleurs !

Pour aller plus loin :

Il est primordial de faire attention aux options de votre crédit. Il est d'une facilité déconcertante de négocier avant la signature des modalités tels que les pénalités de rachat ou encore les options de modularité du prêt.

Toutes les banques proposent des options comme la possibilité de faire varier vos mensualités dans une certaine mesure (exemple : augmenter ou diminuer à date anniversaire le montant des mensualités gratuitement dans une limite de 10% par an...). Cela ne coûte qu'un clic à votre conseiller mais il ne le fera que si vous lui demandez.

Si vous n'avez pas pris ces précautions-là, ce sera beaucoup plus dur après la signature. Si vous voulez augmenter vos mensualités car vous avez eu une augmentation par exemple, vous paierez des pénalités ou des frais de dossier (de l'ordre de 200€ généralement) ou vous aurez même parfois droit à un refus catégorique.

Si vous avez contracté un crédit à une période où les taux étaient plus hauts qu'au moment où vous voulez le modifier, votre conseiller fera tout pour vous en dissuader. Il fera trainer ou vous facturera des indemnités énormes pour vous faire abandonner.

Négociez la flexibilité maximum au départ. C'est un critère fondamental pour être sûr d'avoir au final un crédit performant.

On ne peut pas anticiper tous les évènements qui auront lieu dans les vingt prochaines années (baisse des taux, déménagement, héritage, augmentation, divorce…).

Dans l'euphorie de l'achat, on ne pense pas forcément à tout ça. De plus, généralement le temps presse. Les contrats sont signés au dernier moment… C'est pour cela que je vous conseille d'anticiper et aussi de formaliser. Il peut être judicieux d'écrire les choses et de les valider.

Un petit e-mail ne prend pas beaucoup de temps mais peut éviter des oublis. N'hésitez pas à écrire des mails de rappel à votre conseiller avant vos rendez-vous.

Pour que votre crédit soit efficace quels que soient les aléas et les changements de la vie, accordez-vous de la souplesse !

Exercices d'apprentissage

Un simulateur gratuit

Avec cet ouvrage, je vous offre la possibilité de télécharger mon simulateur sur le site du cabinet de conseil MANA-SOLUTIONS http://mana-solutions.fr/ (dans la catégorie « services aux particuliers »).

Il est utilisable sous Excel ou OpenOffice.

Il est indispensable dans votre démarche d'achat immobilier. Les exercices que nous allons voir ci-après vous permettrons de vous exercer à utiliser ce simulateur (ou un autre) et à réaliser les calculs liés au crédit bancaire.

C'est à vous de jouer !

Mode d'emploi du simulateur

Après avoir téléchargé le simulateur (voir adresse page précédente), ouvrez-le avec Excel, OpenOffice ou encore LibreOffice. Si vous n'avez pas ce genre de logiciel installé sur votre ordinateur, sachez que la suite OpenOffice est gratuite et facilement téléchargeable sur internet. Vous pouvez également utiliser des applications en ligne telles que Google Sheets.

Une fois le fichier ouvert, vous verrez qu'il est composé de 3 feuilles (vous pouvez naviguer entre ces feuilles à l'aide des onglets en bas de l'écran :

- Comparatif Rapide
- 1 crédit
- 2 crédits

Le premier onglet (comparatif rapide) vous permet de comparer rapidement 2 offres de crédit. Vous pouvez ainsi comparer 2 devis différents de banques concurrentes mais vous pouvez aussi surtout observer l'effet du changement d'un paramètre (assurance, taux, apport supplémentaire...) en mettant côte à côte et en observant graphiquement 2 crédits.

Il vous suffit de remplir les cellules jaunes de la feuille. Attention, la mensualité comprend à la fois <u>le remboursement du crédit ET les assurances.</u>

Le deuxième onglet vous permet de voir en détail et graphiquement les paramètres d'un crédit. Vous y trouverez **<u>un échéancier</u>** ainsi que des graphiques représentant l'évolution du remboursement, la composition des mensualités et le pourcentage du coût bancaire par rapport au total.

Le troisième onglet est utile quand vous avez deux lignes de crédit (PTZ par exemple). Il vous suffit de la même façon de renseigner les cellules jaunes.

Entrainez-vous avec ce simulateur. Passez-y des heures, ce seront les heures les mieux payées de votre vie. Nous avons vu que des petits changements peuvent vous faire gagner des milliers d'euros. Combien vous faut-il de temps pour gagner mille euros ? En vous posant cette question, vous allez comprendre l'intérêt de passer du temps à optimiser votre crédit.

Dès que vous maitriserez les bases de l'utilisation du simulateur, passez aux chapitres suivants. Nous allons faire des exercices basés sur des cas concrets.

Exercice d'application 1 : Calcul du coût de l'assurance

Votre banquier vous propose ce type de prêt :

Montant de l'emprunt : 150 000€

Mensualité totale : 745,40€/mois

Dont assurances : 80€/mois (100% sur chaque tête)

Durée du crédit : 25 ans

Taux nominal: 2,4%/an

1) Quelle est le coût total de l'assurance sur toute la durée du crédit

2) Quel serait l'impact financier de passer à une assurance deux fois moins chère (50/50 ou 60/40 par exemple), soit 40€/mois ?

Réponses :

Corrigé :

L'erreur classique devant ce genre de problème est de calculer la somme de toutes les mensualités d'assurance sans prendre en compte l'impact global sur le crédit.

On pourrait faire ce genre de calcul, mais le résultat ne représenterait pas la réalité :

80€ x 12 mois x 25 ans = 24 000€

Ce calcul ne tient pas compte de l'effet levier. C'est-à-dire l'impact du capital non remboursé chaque mois à cause du montant des assurances.

Le seul moyen de calculer le coût de l'assurance est de calculer le coût global du crédit avec et sans assurance.

Dans la proposition du banquier, on paye 745,40€ chaque mois pendant 25 ans. Soit un total de 223 618.77€. Le coût du crédit est donc de 73 618,77€.

A l'aide du simulateur, on va simuler un crédit avec une mensualité de 745,40€ mais sans assurance. On voit qu'il faudra payer pendant 21 ans et demi. La somme totale des mensualités sera alors de 192 113€, donc un coût du crédit de 42 113€ (voir ci-dessous la copie d'écran du simulateur)

Capital emprunté	150000		durée:		257,7 mois		
Taux nominal	2,40%						
Base assurance	0			soit	21 ans		
% assurance	100%			et	5,7 mois		
Mensualité (totale)	745,4						
			Coût total:		192 113 €		
Echéancier:			Coût bancaire:		**42 113 €**		
Année	Mois	Capital R	Intérêts	Assurance	Mensualité	Capital remboursé	
	0	0 150000	300	0	745,4	445,4	

Le coût réel et complet de l'assurance est donc la différence entre les deux :

73618 − 42113 = **31505€**

Certains peuvent être étonnés par ce calcul. Certaines personnes m'ont expliqué clairement leur refus d'accepter ce genre de raisonnement prétextant que le coût de l'assurance, « c'est ce qu'on verse à l'assureur ».

Cette phrase semble bien évidemment de bon sens. Mais quand je parle du coût de l'assurance, je ne parle pas du tarif mais bien de toutes les conséquences financières directes et indirectes du choix de l'assurance.

Or, avec le crédit, nous sommes dans le cadre d'un budget fixe. Le banquier ou vous-même, allez fixer un budget maximum pour la mensualité consacrée au remboursement de votre crédit. Et l'assurance en fera partie. Donc chaque euro dépensé en assurance ne le sera pas en mensualité de crédit.

On voit donc qu'au final, l'assurance pèse quasiment autant que les intérêts. Elle représente 43% du coût total.

Répondons maintenant à la deuxième question.

Toujours à l'aide d'un simulateur, il me suffit de mettre 40€/mois pour les assurances.

Exemple avec mon simulateur :

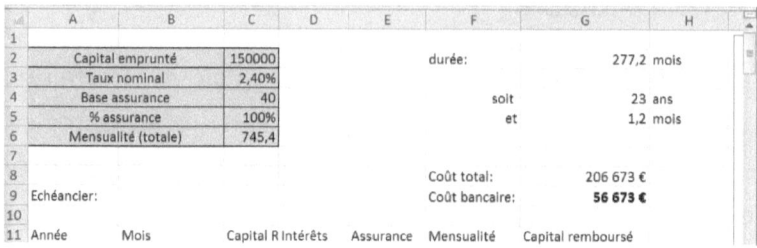

On voit que le coût bancaire est passé à 56 673€ on pourrait donc en déduire que le gain serait de 16 945€ (73618-56673). Mais allons un peu plus loin encore :

Nos raisonnements ont jusque-là mis en évidence l'effet levier : en réduisant l'assurance, je peux augmenter mon effort de remboursement et donc profiter de l'effet levier du crédit.

Mais je vais certainement pouvoir aussi bénéficier du deuxième effet important : l'effet boule de neige. La durée totale de mon emprunt est passée à 23 ans, il est donc probable que je puisse négocier un peu mieux mon taux et la prime d'assurance.

Même si cela peut paraitre minime, il faut le faire.

Essayons avec le simulateur, en prenant comme nouveaux paramètres, 2,35% et 38€ d'assurance : une faible négociation largement réaliste.

(Attention, des différences de quelques euros peuvent intervenir avec les différentes versions de simulateurs. Ceci est dû à des arrondis ou des approximations. Ne vous focalisez pas sur ces légères différences, elles ne sont pas forcément à des erreurs de saisies mais plus à des méthodes de calculs liées aux différents simulateurs).

	A	B	C	D	E	F	G	H
1								
2		Capital emprunté	150000			durée:	274,3	mois
3		Taux nominal	2,35%					
4		Base assurance	38			soit	22	ans
5		% assurance	100%			et	10,3	mois
6		Mensualité (totale)	745,4					
7								
8						Coût total:	204 465 €	
9	Echéancier:					Coût bancaire:	**54 465 €**	
10								

Cela nous fait gagner encore 3 mois supplémentaires pour un gain qui serait plutôt de l'ordre de 19 000€.

Dans ce cas précis, passer d'une couverture d'assurance à 100% à une couverture à 200% coûte au moins 19 000€ soit deux ans et deux mois de remboursement. Il faut donc bien réfléchir avant de valider ce type de choix.

Je le rappelle ici, une assurance est là pour prendre un risque à votre place mais vous facture coûteusement ce service. Si vous pouvez prendre un risque, ne le sous-traitez pas, vous économiserez beaucoup.

Posez-vous la bonne question : combien pourrais-je payer si mon épouse décède ou si mon époux décède... ?

Il y aura toujours quelqu'un dans votre entourage pour vous dire qu'il connait quelqu'un dont la maison « a été payée » grâce à l'assurance. C'est tout à fait vrai que certaines personnes ont pu bénéficier de ce type d'assurance (le contraire serait quand même révoltant, non ?). Mais cela ne prouve en rien leur intérêt financier.

Remettons quelque-chose au clair : une assurance ne vous « paye » pas votre maison, comme beaucoup de personnes se plaisent à le relayer sans jamais trop y réfléchir. Une assurance (si vous n'êtes pas dans les cas exclus en tout petit dans votre contrat et si vous avez correctement rempli votre questionnaire de santé...) va payer pour vous ce qu'il vous reste à rembourser. Ce n'est absolument pas pareil !

Je ne le répèterai jamais assez : l'assurance ne vous paye pas votre maison. Si vous mourrez dans les deux dernières années, elle paiera ce qu'il reste à payer, c'est-à-dire pas grand-chose au final.

Les assurances liées au crédit assurent un capital qui ne cesse de baisser jusqu'à tomber à zéro...

De plus, dans le cas d'une stratégie 100% au total au lieu de 200%, en cas de souci, l'assurance vous rembourse quand même une partie. Cette partie, si vous avez bien choisi votre stratégie d'assurance, c'est celle dont vous avez besoin !

Posez-vous la question : « Pourquoi s'assurer à 100% sur chaque tête ? ». C'est pourtant la norme aujourd'hui. Les couples mariés tombent systématiquement dans ce piège. Cela paraît normal et évident à tout le monde alors que ce n'est pas le cas des couples en union libre ou d'un couple qui loue son logement. Quel phénomène se passe-t-il au moment de l'achat d'une maison ou d'un appartement pour que le couple marié ait besoin subitement d'une couverture aussi importante ?

Se sur-assurer, c'est-à-dire s'assurer au-delà de ses besoins, est un comportement qui s'apparente à jouer aux jeux de hasard. Après tout, le 100% sur chaque tête est totalement arbitraire, on pourrait tous souscrire des assurances à 120% voire 200% sur chaque tête... Si l'assurance à 100% sur chaque tête est si intéressante, il vaut mieux la doubler ! On aurait alors tous certainement dans notre entourage une personne qui connait quelqu'un qui serait devenu riche grâce à ce genre d'assurance...

J'ai expliqué l'importance de ne pas s'assurer au-delà de nos besoins. Je l'ai fait de façon rationnelle et chiffrée. J'ai utilisé l'ironie et les raisonnements par l'absurde. Vous allez toujours trouver quelqu'un pour jouer sur votre affectif ou pour vous trouver un exemple qui soi-disant prouve que c'est important de « bien s'assurer » (sous-entendu 100% sur chaque tête...).

Rappelez-vous : un exemple ne prouve rien.... Un exemple ne peut avoir qu'un usage d'illustration.

De façon générale, quand quelqu'un essaye de vous convaincre avec des exemples, méfiez-vous. Calculez par vous-même, écoutez ceux qui prouvent ce qu'ils affirment, pas ceux qui illustrent ce qu'ils disent avec des exemples dont on ne connait ni la fréquence ni le contexte.

Exercice d'application 2 : L'impact de l'apport

Un couple décide d'acheter un appartement à 200 000€ (frais de notaires et d'agence inclus). Il a 58 000€ d'apport. Leur courtier leur conseille de garder 8 000€ de côté en cas de coup dur (chaudière en panne, toit à réparer...). Ils empruntent donc 150 000€.

Ils remboursent 745,40€ par mois, ont une assurance à 38€/mois. Le crédit durera donc 22 ans et 11 mois pour un coût total de 54 465€ (ils sont dans le même cas que l'exercice précédent).

Un autre couple, fait le même achat, avec le même apport, fait appel au même courtier mais refuse de garder de l'argent de côté au cas où (ils décident qu'ils feront un crédit à la consommation si un problème arrive). Ils décident également de faire « les bas de laine » et de forcer un peu leur épargne pendant les trois mois entre la signature du compromis de vente et la signature chez le notaire. Ils arrivent ainsi à n'emprunter que 140 000€.

Calculez l'impact de cette décision sur le coût du crédit.

Réponses :

Corrigé :

Il faut savoir que le calcul du tarif de base de l'assurance est lié à la durée du crédit mais surtout est proportionnel au capital emprunté. Nous devrons donc changer dans le simulateur deux paramètres : le capital emprunté ET le montant de l'assurance.

Le nouveau montant de l'assurance sera donc :

$$\frac{38 \times 140000}{150000} \approx 35,50€$$

Voici les informations à saisir dans le simulateur :

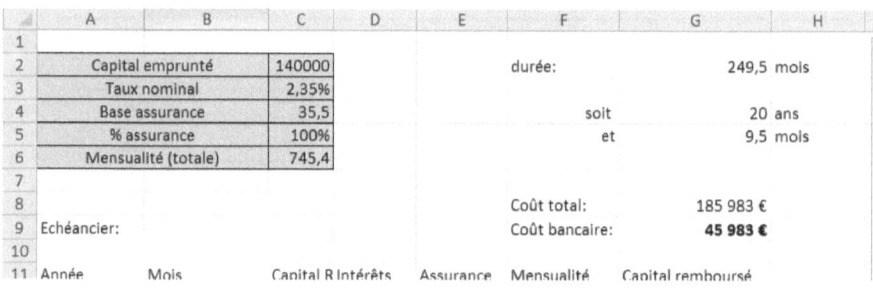

Le nouveau coût du crédit est de 45 983€. L'impact de cette décision n'est donc pas anodin. Le deuxième couple réduit le coût du crédit d'environ 8 500€.

Je n'ai pas tenu compte cette fois-ci de l'effet « boule de neige ». Mais vous remarquerez au passage que la durée du crédit a été réduite d'encore 2 ans.

Il est fort possible que le montant de la mensualité d'assurance en soit encore impacté ainsi que le taux... Le gain est donc au moins égal à 8 500€ mais il est certainement supérieur !

Les banquiers vont souvent essayer de faire jouer l'effet levier en leur faveur. Pour cela, ils vont souvent vous préconiser de garder une partie de votre apport, prétextant une cinquantaine de bonnes raisons...

C'est la meilleure situation pour une banque : elle vous prête votre propre argent et en profite pour pratiquer des taux plus hauts (à cause de l'impact que cela va avoir sur la durée de votre crédit) et empocher plus de primes d'assurance....

Exercice d'application 3 : L'effet de la mensualité

Reprenons le deuxième cas de l'exercice précédent. Le couple pense pouvoir rembourser un peu plus chaque mois. Ils auront certainement des augmentations dans les années à venir, autant les anticiper maintenant. Ils décident de rembourser 30€ de plus par mois. Ils ont préparé leur argumentaire et le courtier a accepté sans problème.

Calculez l'impact de cette décision

Réponses :

_____
_____
_____
_____
_____
_____
_____
_____
_____

Corrigé :

Simulons le cas en rentrant les nouveaux paramètres :

A	B	C	D	E	F	G	H
Capital emprunté		140000			durée:	236,6	mois
Taux nominal		2,35%					
Base assurance		35,5			soit	19	ans
% assurance		100%			et	8,6	mois
Mensualité (totale)		775,4					
					Coût total:	183 479 €	
Echéancier:					Coût bancaire:	**43 479 €**	

Nous voyons que le couple va gagner un an avec cette décision et surtout réduire les coûts bancaires de 2 500€.

Mais surtout, ce qu'il faut remarquer, c'est que nous sommes passés sous la barre des 20 ans. Les taux évoluent fortement au seuil des chiffres « ronds » : 10 ans, 15 ans, 20 ans...

Je n'ai pas fait jouer l'effet boule de neige dans l'exercice précédent mais il est sûr que là, le taux peut être revu à la baisse.

2,25% pour 20 ans me semble être une négociation minimum sachant que le taux était à 2,40% pour 25 ans. Je vous rappelle que ces taux n'ont rien à voir avec les taux pratiqués sur le marché au moment où vous lisez ces lignes. Ils ne sont là qu'à titre d'exemple.

La base de l'assurance va aussi être impactée, disons 34,50€.

Entrons maintenant ces paramètres :

	A	B	C	D	E	F	G	H
1								
2	Capital emprunté		140000			durée:	233,5 mois	
3	Taux nominal		2,25%					
4	Base assurance		34,5			soit	19 ans	
5	% assurance		100%			et	5,5 mois	
6	Mensualité (totale)		775,4					
7								
8						Coût total:	181 080 €	
9	Echéancier:					Coût bancaire:	**41 080 €**	

L'effet boule de neige nous fait gagner 3 mois et 2 400€ de plus....

Je vous rappelle que suivant les versions de simulateurs, vous pouvez avoir des différences de quelques euros. Elles ne sont pas dues à une erreur de saisie de votre part mais bien à des méthodes de calculs différentes ou à des arrondis.

Exercice d'application 4 : Les options du crédit

Notre couple arrive à négocier les paramètres vus page précédente. Ils verrouillent aussi les options de leur crédit et anticipe correctement les évènements qui pourraient arriver dans le futur.

Le contrat signé stipule qu'ils pourront modifier gratuitement à date anniversaire le montant de leurs mensualités dans une limite de 10% par an. Le coût de rachat du crédit est également gratuit.

Notre couple obtient une augmentation de salaire peu de temps après le démarrage du crédit. Au deuxième anniversaire, ils décident d'augmenter de 10% leur mensualité.

Quel sera l'impact sur le crédit (durée, coût) ?

Réponses :

Corrigé :

Le simulateur est une fois de plus indispensable. Mais cette fois-ci l'opération est plus délicate et nécessitera 2 manipulations. On peut dans un premier temps saisir les données dans la feuille où il y a l'échéancier. Regardons cela de plus près :

Eléments à saisir :

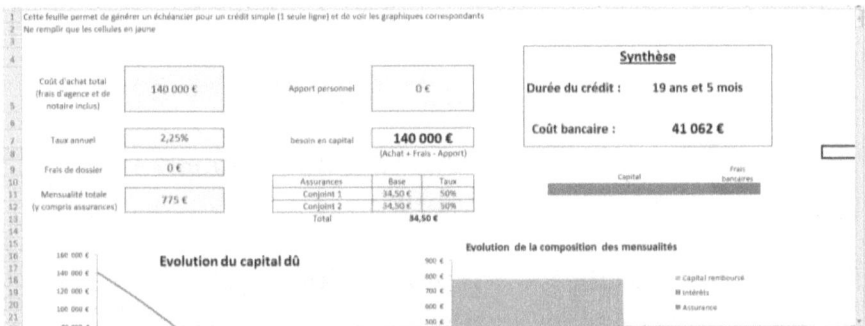

Un peu plus bas sur la feuille, on peut voir l'échéancier. Il faut repérer le capital restant dû au bout de 2 années (date à laquelle le couple décide de changer ses mensualités).

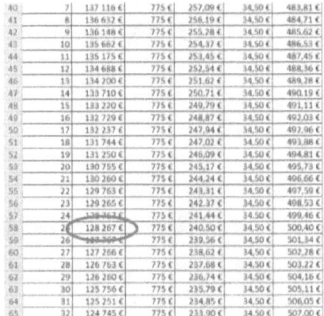

On voit sur le simulateur qu'il reste 128 267€ (capital restant en début du 25eme mois). Il faut maintenant calculer la nouvelle mensualité. Nous allons saisir ce capital restant comme s'il s'agissait d'un nouveau crédit et changer la mensualité en l'augmentant de 10% (soit 853€).

On saisit donc les données suivantes :

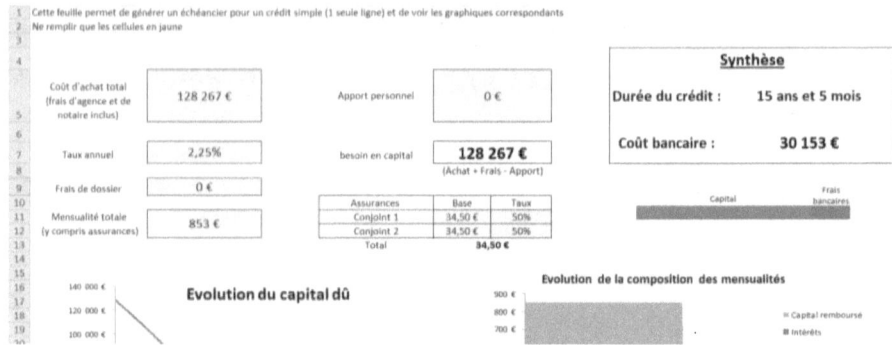

On voit donc que la durée restante sera de 15 ans et 5 mois, soit une durée totale de 17 ans et 5 mois.

Pour calculer le coût total du crédit et donc le coût bancaire, on va le faire cette fois-ci manuellement :

Nous allons payer 24 mensualités de 775€, 185 mensualités de 853€ et une mensualité de 625€ (voir échéancier). Soit un total de 177 030€. Le coût bancaire sera donc de 37 030€.

Nous avons donc un gain supplémentaire de **4 050€** avec cette option.

Conclusion :

Ces quatre exercices d'application nous ont montré comment passer d'une offre de crédit standard à une offre de crédit performante.

Avec quelques calculs et simulation simples, nous avons réduit la durée du crédit de plus de 7 ans et avons fait un gain de 50% des frais bancaire (soit plus de 36 000€).

La pyramide du savoir

Vous avez certainement remarqué tout au long de la lecture de cet ouvrage que je vous ai donné finalement peu d'informations concernant les lois, les conditions pour obtenir des prêts bonifiés ou encore des taux ou des montants d'assurance de référence.

Au risque de vous choquer, ceci est entièrement voulu. Ce que je veux transmettre, ce n'est pas de l'information, c'est du savoir.

Les données (taux, coûts moyens...) et les informations sont facilement trouvables sur internet ou dans des magazines spécialisés. Ils n'ont à mes yeux que peu d'importance. Ces « datas » sont destinées à être remplacées dans le temps.

Ce que j'ai essayé de vous transmettre sera toujours vrai. Une façon de raisonner toujours valable. Elle vous sera bien plus utile qu'un graphique sur l'historique des taux pratiqués que vous retrouverez facilement sur notre ami Google.

Je vais vous donner un outil qui pour moi, est primordial. Il n'est pas uniquement valable pour le crédit immobilier. C'est un outil que tout pédagogue devrait transmettre à ses élèves ou stagiaires (le mot à la mode est « apprenant »).

Cet outil, je l'ai appelé la pyramide du savoir. Cette pyramide nous permet de hiérarchiser les contenus que nous lisons, regardons ou écoutons et ce que nous mettons dans notre boite crânienne. Regardons là ci-après :

```
      Savoir
     Culture
   Informations
     Données
```

Vous pouvez y voir 4 niveaux. Le plus haut est le plus important, le plus utile et surtout le plus rare. Le plus bas est le plus abondant mais surtout le plus inutile.

Tous les jours, nous sommes inondés de données : météo, résultats sportifs, horoscope, chiffre du chômage... ce ne sont que des données. Elles n'ont aucune utilité à part nous divertir (dans les deux sens du terme : diversion et divertissement).

Nous avons aussi notre lot d'informations, le deuxième niveau de la pyramide : guerre dans un pays lointain, mariage d'un beau prince étranger, dernier Tweet de Donald Trump... Peu d'intérêt si on y songe vraiment. En quoi ces informations peuvent avoir un impact même infime sur nos vies ? Et pourtant, nous passons des heures à nous informer.

Je reprends à mon compte une citation de Jean Dion (chroniqueur Canadien) : « Si l'enfer existe, c'est une salle d'attente avec des magazines de l'année passée. ». J'aime cette citation car elle est limpide comme les bons dictons. Un magazine et l'ensemble de ces articles sont faits pour être oubliés et obsolètes à la sortie du prochain numéro. Du prêt-à-penser, prêt-à-jeter !

Il est bien plus important d'utiliser « notre temps de cerveau disponible » à la culture. C'est-à-dire à la connaissance intemporelle. Celle qui sert toute la vie. Quand vous apprenez à dessiner, à compter, à parler, à jouer d'un instrument, c'est pour la vie.

Quand vous apprenez un nouveau mot, un concept avancé, un raisonnement mathématique, c'est susceptible de vous aider toute votre vie.

Voici donc ce qu'il faut rechercher dans nos lectures et ce qu'il faut en priorité transmettre. C'est pour cela que j'ai orienté ce livre vers des principes généraux. C'est pour cela aussi que je vous ai incité à calculer. Je ne vous ai pas parlé de la loi machin ou donné une recette pour négocier.

Ce que cet ouvrage peut vous apporter, c'est une façon de raisonner. Elle vous sera utile quel que soit votre achat, demain ou dans dix ans.

Il reste un étage en haut de cette pyramide : le savoir.

Le savoir n'est pas transmissible ; il ne peut s'acquérir que par l'expérience. Pour passer de la culture au savoir, il faut expérimenter. C'est un travail personnel. Pour passer de l'étape 3 à la 4 (de la culture au savoir), il faut passer à l'action. Il faut mettre en application ce que l'on a appris. C'est certainement l'étape la plus dure.

Si vous avez fait réellement les exercices (pas si vous êtes allé directement à la correction comme plus de la moitié des lecteurs....), vous avez alors fait un pas vers la quatrième marche. Vous avez commencé à transformer votre culture en savoir.

Pour monter encore plus haut dans cette pyramide, il faut s'exercer, se mettre en situation d'expérimenter, débattre, calculer... transmettre aux autres aussi est un bon moyen d'avancer vers le savoir.

Une proportion très faible de la population fait la distinction entre l'information et la culture. Et une proportion encore plus faible transforme sa culture en savoir, en l'utilisant concrètement. N'amassez pas de la culture pour rien, faites-en quelque chose. A vous de jouer !

Synthèse

Quels sont les concepts et les idées qui peuvent résumer cet ouvrage ? La pyramide du savoir, ne pas se focaliser sur le taux, apprendre à simuler sur le logiciel, prendre en compte l'effet levier et l'effet boule de neige, ne pas négliger les options....

Ils sont tous importants mais si je ne devais en garder qu'un, ce serait celui-là : **ne pas appliquer de recette.**

Lors de mes accompagnements et de mes conférences, je laisse souvent parler les gens avant d'intervenir. Et ça ne rate quasiment jamais : tout le monde possède des recettes concernant le crédit immobilier. J'ai dû en entendre une bonne centaine. Parmi les plus fréquentes :

- Ça ne vaut pas le coup de renégocier si le taux n'a pas baissé de plus de 1 point
- 10% d'apport est la somme idéale
- 100% sur chaque tête, c'est ce qu'il y a de plus sûr en assurance
- C'est telle banque qui pratique les meilleurs taux
- Il faut absolument passer par un courtier si tu veux faire des économies
- Il vaut mieux économiser et rembourser d'un coup ton crédit que d'augmenter tes mensualités
- ...

La plupart de ces « recettes » toutes faites ne sont vraies que dans certains cas, d'autres sont carrément tout le temps fausses.

J'ai rencontré lors d'une soirée, une personne qui maîtrisait bien l'art de la conversation. Elle « papillonnait », allant de groupe en groupe pour monopoliser l'attention et raconter à tout le monde sa vie merveilleuse.

Quand vint mon tour, elle me raconta que son fils venait d'acheter un superbe appartement dans Paris et qu'il avait obtenu un excellent taux pour son crédit. J'ai eu le droit au pamphlet sur les prix de l'immobilier qui ne cessent de grimper dans les capitales européennes. Que les appartements dans le quartier de son fils se vendent en 3 heures et qu'il avait donc fait un terrible placement...

5 minutes plus tard, elle me raconta que son fils était également en train d'acheter une place de parking. Cette place de parking, il n'en avait pas réellement besoin mais l'avait achetée sur les conseils avisé de sa mère (celle-là même qui me tenait la jambe...) car un appartement avec place de parking se vend beaucoup plus vite.

C'est à ce moment-là (entre deux phrases, quand elle reprit son souffle) que j'ai lancé cette question : « Il veut le vendre plus vite qu'en 3 heures ? ». Je vous avoue que j'ai senti un malaise, elle s'est arrêtée de parler pendant près d'une dizaine de secondes... En neuroscience ou en psychologie sociale, on appelle cela une dissonance cognitive. C'est un phénomène interne, quand on s'aperçoit qu'il y a contradiction entre plusieurs de nos croyances ou pensées.

La dissonance n'a pas duré longtemps chez cette charmante personne. Elle a vite trouvé d'autres oreilles pour écouter ses anecdotes passionnantes sur son sujet préféré : sa propre vie.

Bref, au-delà de ce cas que je trouve assez drôle et qui vous a semblé peut-être un peu caricatural, ce que j'ai voulu vous dire, c'est que beaucoup de personnes véhiculent des idées, des croyances ou des recettes qui peuvent êtres fausses et qui ne sont que très rarement vérifiées.

Nous véhiculons nous-mêmes des idées sur des sujets que nous maitrisons peu ou pas du tout, nous avons des avis sur tout...

Malheureusement, un achat ou un investissement n'est pas payé par des paroles mais bien par de l'argent. Et l'argent obéit plus aux mathématiques qu'aux rumeurs...

En bref, n'appliquez pas les recettes des autres... Réfléchissez, calculez, simulez, vérifiez, crayonnez, débattez, partagez...

Je veux finir par une autre réflexion que je me suis faîte assez récemment suite à une discussion avec un ami. Je lui ai demandé son avis sur mon autre ouvrage consacré au crédit immobilier, qu'il venait de lire : « Comprendre et maitriser le crédit immobilier », s'il était clair et s'il avait appris des choses. Mon ami m'a répondu que le livre lui avait plu mais il m'a dit à peu près cette phrase : « Mais moi, je ne suis pas un négociateur comme toi. Si j'achète un bien, je vais avoir peur que le banquier me dise non et donc je ne vais pas trop négocier. »

Dans cette phrase, il a utilisé deux fois le même verbe, qui résume bien l'idée générale de sa pensée : NEGOCIER. Ce qui est drôle, c'est que mon livre (et mes livres en général) parle très peu de la négociation. La négociation n'est pas du tout pour moi la partie principale de la démarche que j'essaye de transmettre.

En discutant un peu plus avec mon ami, j'ai compris qu'il me voyait comme un « bon négociateur ». Quelqu'un qui, à force de paroles, arrive à faire plier le banquier. J'ai trouvé cela assez drôle car je suis plutôt tout l'inverse. Je déteste particulièrement les relations commerciales et le moment où il faut marchander...

J'ai donc aussi compris que mon ami, comme la plupart des gens, pense que c'est le fait de négocier qui peut faire gagner de l'argent. Ma vision est totalement différente. Je ne dis pas que négocier ne sert à rien, mais c'est pour moi uniquement la cerise sur le gâteau.

Ce qui va vous faire réellement gagner de l'argent, ce sont toutes les étapes avant la négociation. Réfléchir au montant de votre apport, au montant de vos mensualités, à votre besoin en assurance, à l'évolution de votre crédit dans le temps, au montage avec un éventuel PTZ... seront des points bien plus impactant que de batailler avec votre banquier ou courtier pour faire baisser le taux de 0,05 points ou les frais de dossier de 200€.

Si vous êtes naturellement un bon négociateur, utilisez cette qualité pour gagner un peu plus. Mais ne négligez jamais la préparation et la réflexion préalable. La stratégie est complémentaire de la négociation mais elle doit être prioritaire.

Une personne timide, n'ayant pas de qualité particulière de négociation ou d'éloquence, peut très facilement obtenir un très bon crédit. Alors qu'un bon commercial avec du bagout et qui parle avec les mains peut se mettre sur le dos pendant 25 ans une dette ruineuse... Au final, vos qualités pour la négociation n'auront que très peu d'influence sur votre résultat final.

Je vous souhaite une grande réussite dans vos projets. Et si malgré tout l'entrainement et les conseils que vous avez pu lire dans cet ouvrage, vous n'êtes pas sûr de vous, n'hésitez pas à faire appel à des conseillers **indépendants** (pour rappel, le courtier n'est pas indépendant, il a un intérêt financier dans votre transaction).

Mon cabinet de conseil exerce ce genre de missions (diagnostics crédit, accompagnements...) :

www.mana-solutions.fr

www.ingramcontent.com/pod-product-compliance
Lightning Source LLC
Chambersburg PA
CBHW031531210526
45464CB00012B/2611